Duden

Mein Trainingsheft Deutsch 1

Erarbeitet von Birgitt Carstens

DUDEN PAETEC Schulbuchverlag
Berlin, Frankfurt a. M.

A a

1

2

3 Wo hörst du **A a?** Kreuze an.

4

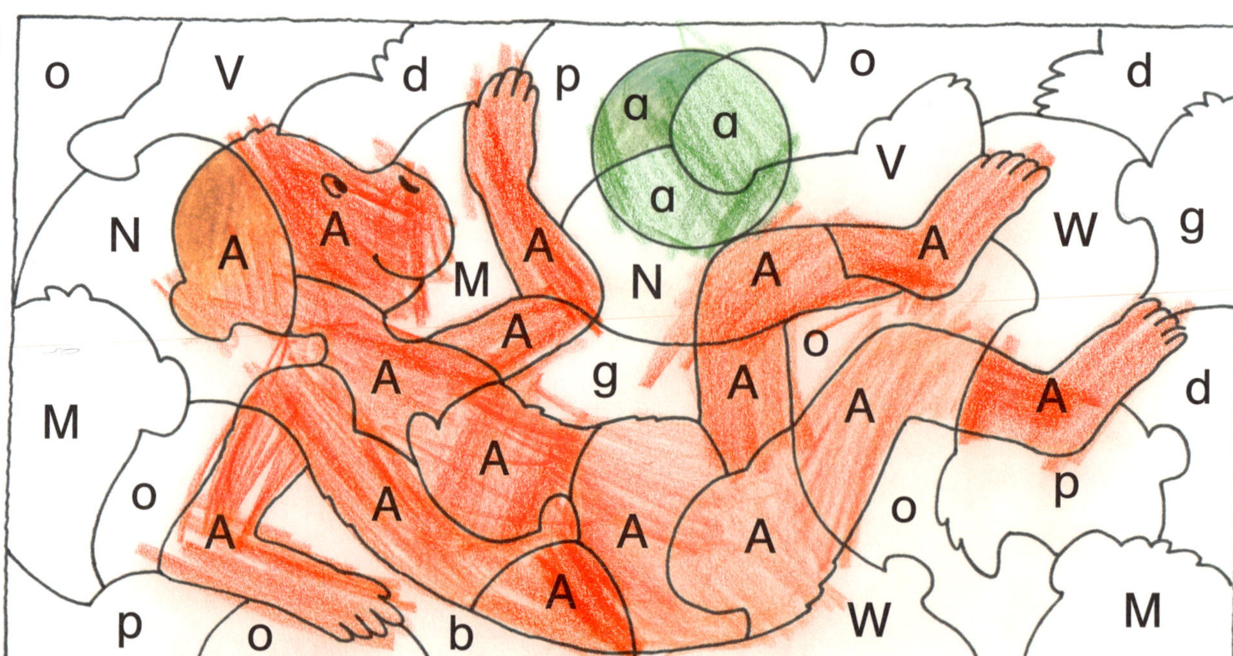

1

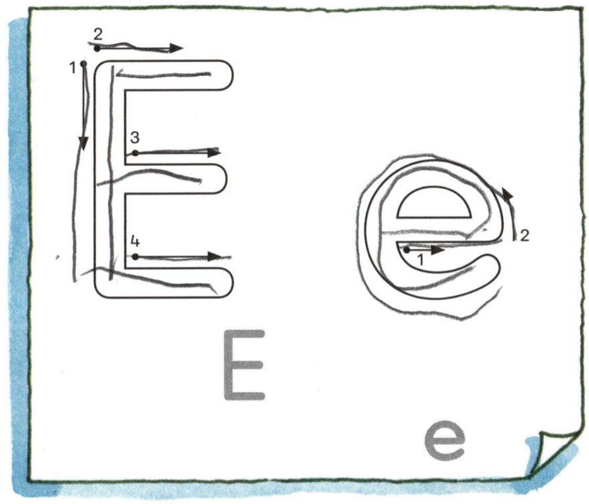

2

3 Wo hörst du **E e?** Male an.

4

I i

1 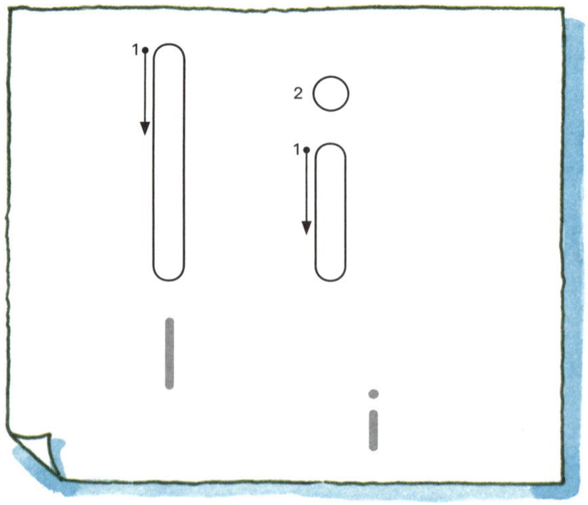 

2

3 Wo hörst du **I i?** Kreuze an.

4 Hörst du **I i** wie in Igel oder **I i** wie in Insel? Verbinde.

5 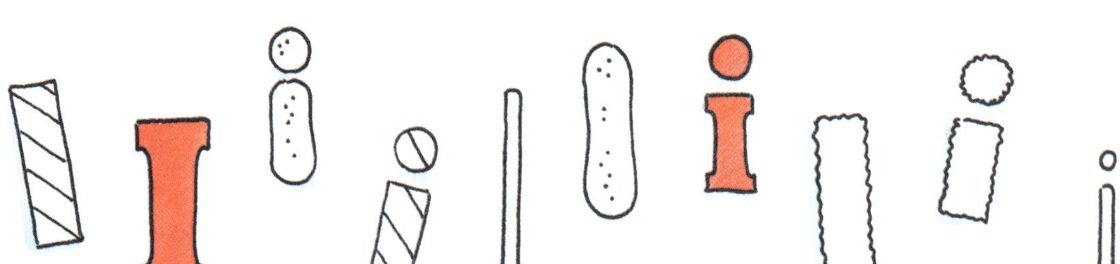

1

2

3 Wo hörst du **O o?** Kreuze an.

4 Hörst du **O o** wie in Oma oder **O o** wie in Ordner ?
Kreise ein.

5 Auf Omas Ordner kleben rote Rosen.

In Olgas Dose sind rosa Bonbons.

U u

1 

2 U u U u

3 Wo hörst du **U u?** Klebe diese Sachen in die Kiste.
Alles andere kommt zum Ball.
S. 61

4 Spure die **U**-Federn nach.

1

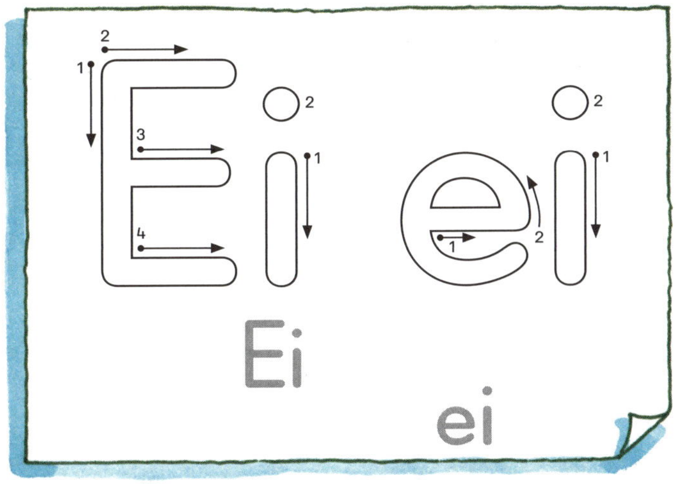

2 Ei ei Ei ei

3 Finde den Weg zum Eis.
Besuche nur Tiere, in deren Namen **Ei ei** klingt.

4

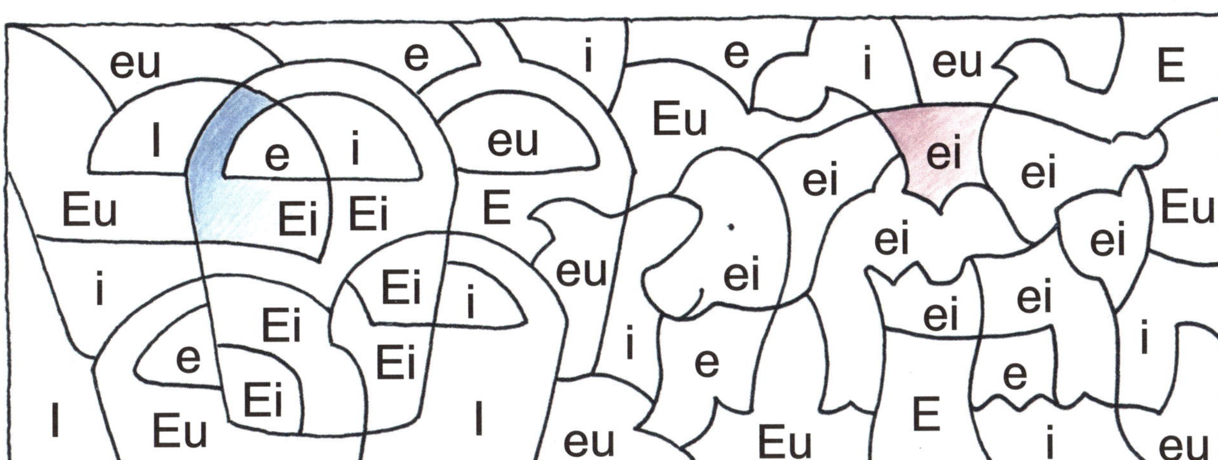

Eu eu

1 Eu eu

Eu

eu

2 Eu eu Eu eu

3 Wo hörst du **Eu eu?** Kreuze an.

X 

4

1

Au au

Au

au

2 Au au Au au

3 Wo hörst du **Au au?** Male an.

4

Mausi hat braune Augen.

Frau Paulis Auto ist grau.

5 Male die Bilder von Aufgabe 4 richtig an.

1

2 Mit welchen Buchstaben beginnen die Wörter? Klebe ein.

S. 61

3 Finde Dinge mit **Ei ei**, mit **Eu eu** und mit **Au au**.

4 Schreibe die Wörter mit **Ei ei, Eu eu** und **Au au** auf.

Beule

1 Schau genau! Male die Rakete ab.

2 Zeige Pele den Weg durch die Wolken.

B b

1

2 B b B b

3 Wo hörst du **B b?** Kreise ein.

4

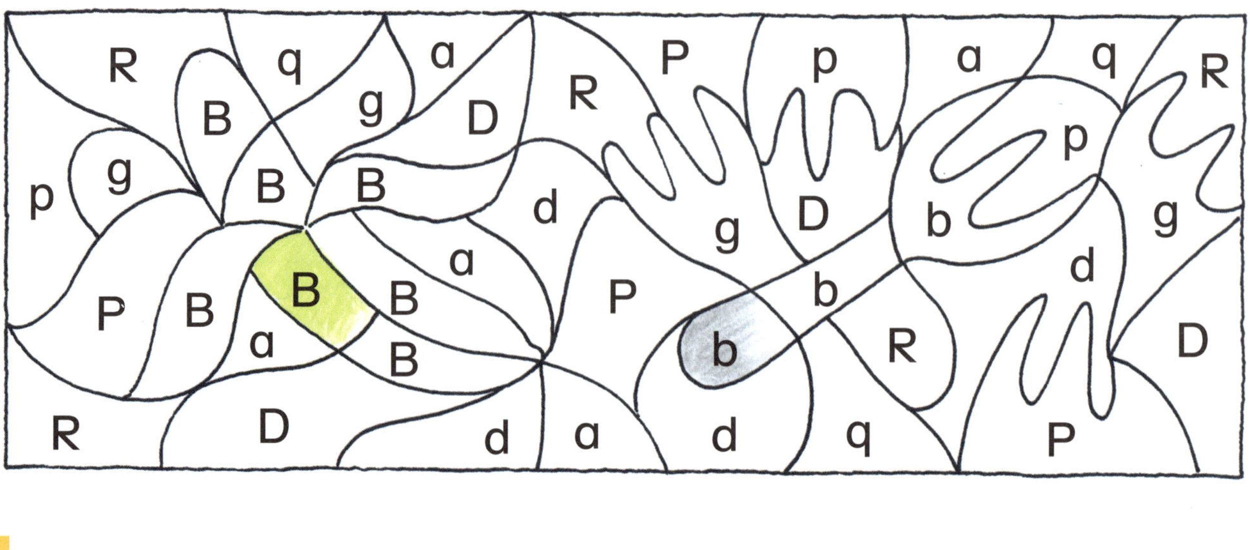

1

2 Dd Dd

3 Wo hörst du **D d?** Kreise ein.

4

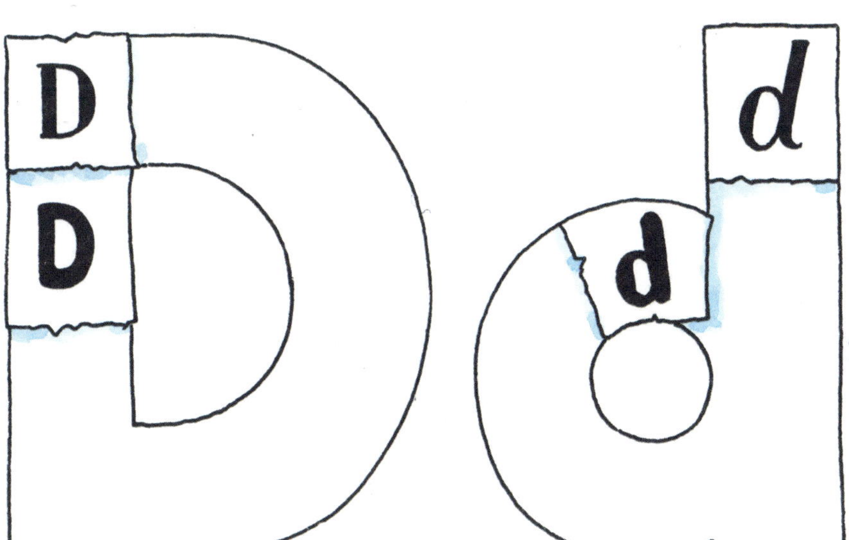

F f

1

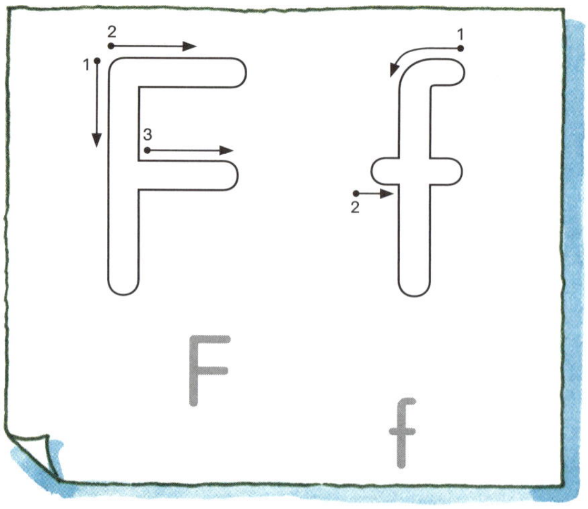

2

F f F f

3 Hörst du **F f** vorne, hinten oder in der Mitte?
Kreuze richtig an.

4

1

2

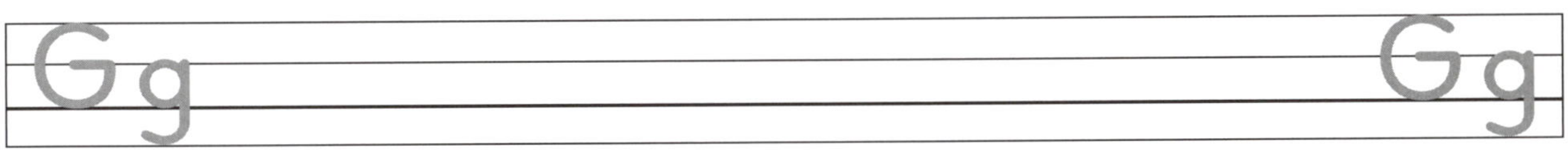

3 Wo hörst du **G g?** Male an.

4

H h

1

2

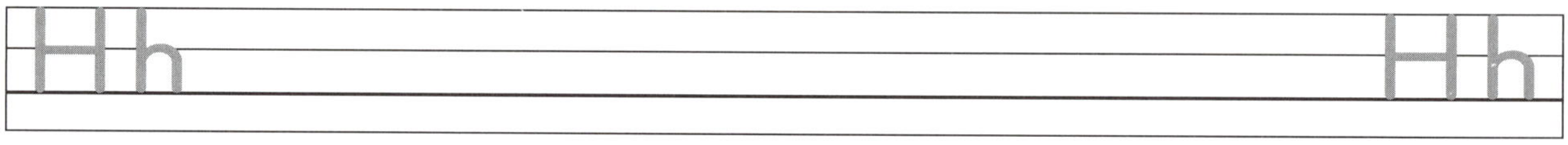

3 Wo hörst du **H h?** Male an.

4

1

2

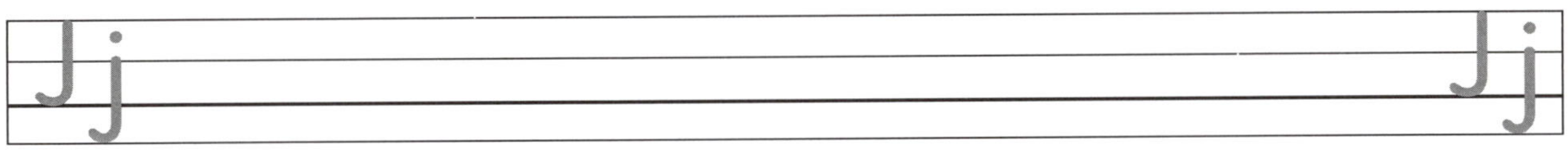

3 Führe Pele zu den Juwelen.
Er darf nur über **J**-Sachen gehen.

4

	Ja	Nein
Liest du jeden Tag?	☐	☐
Bist du sieben Jahre alt?	☐	☐
Hast du im Juli Geburtstag?	☐	☐
Bist du ein Junge?	☐	☐
Magst du Joghurt?	☐	☐

K k

1

2 K k K k

3 Wo hörst du **K k?** Klebe diese Sachen in den Korb.
Alles andere kommt in die Mülltonne.

S. 61

4

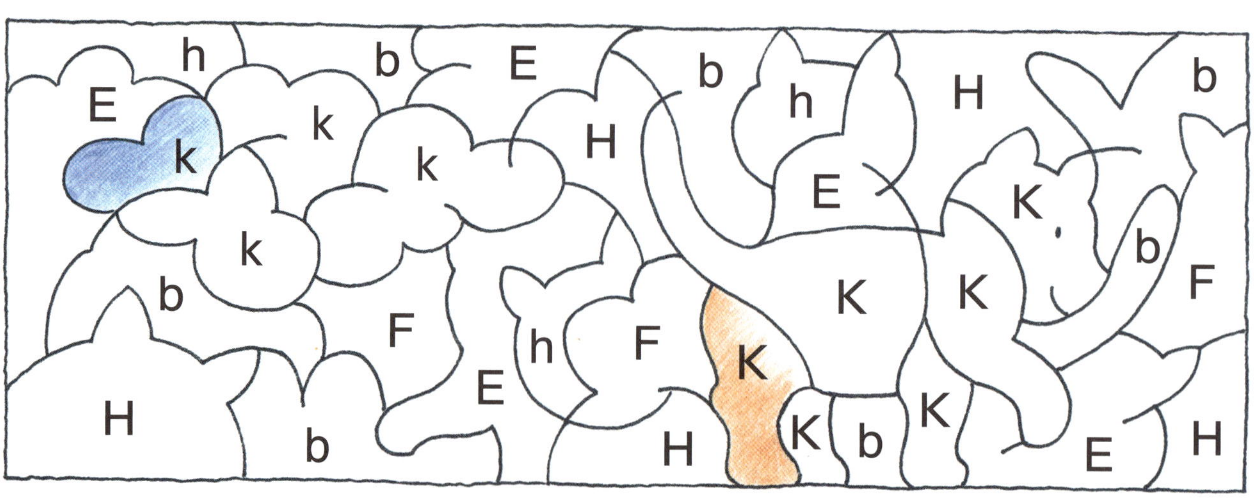

1

2 L l L l

3 Hörst du **L l** vorne, hinten oder in der Mitte?
Kreuze richtig an.

 X

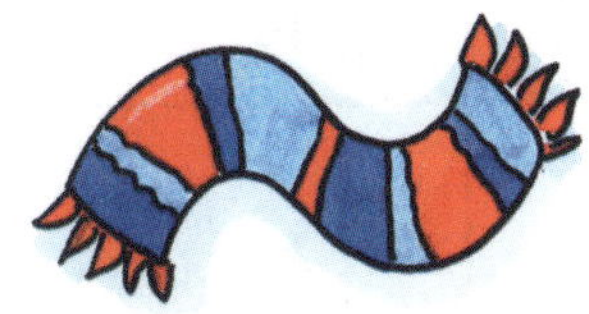

4

M m

1

2 Mm Mm

3 Wo hörst du **M m?** Kreise ein.

4

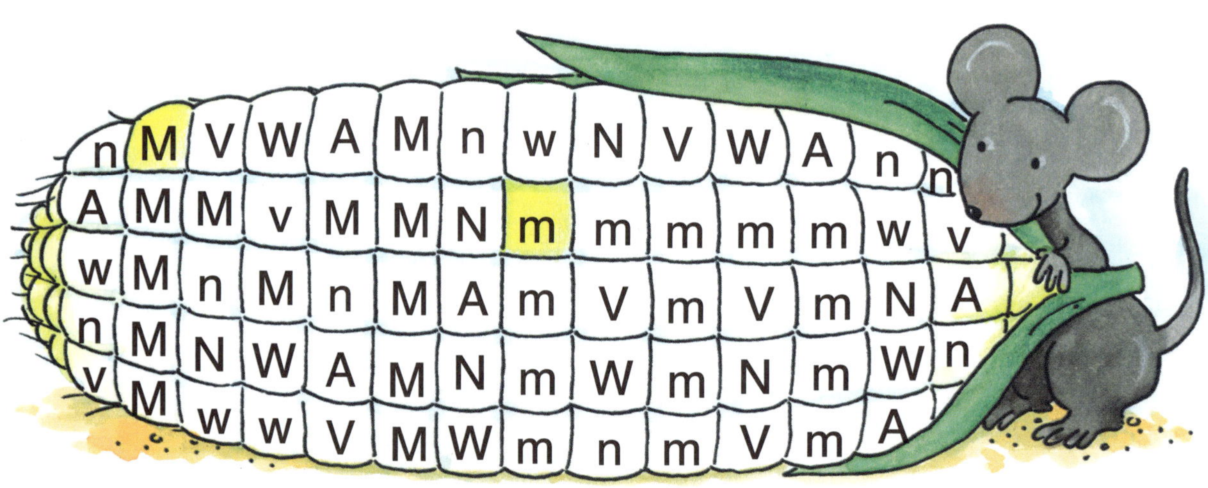

1

2

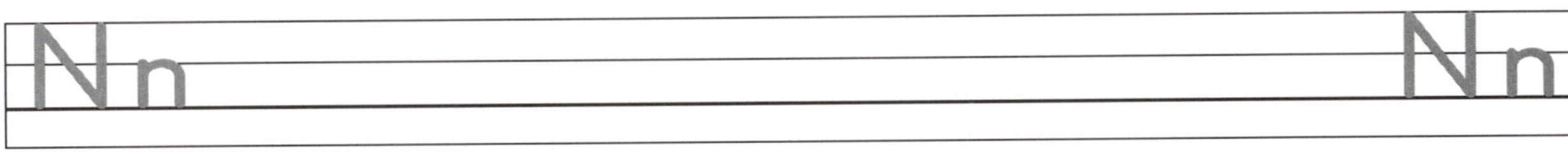

3 Wo hörst du **N n?** Klebe richtig ein.

S. 61

4

P p

❶

❷ P p P p

❸ Wo hörst du **P p?** Kreuze an.

☒ 
☐ 
☐ 
☐ 

☐ 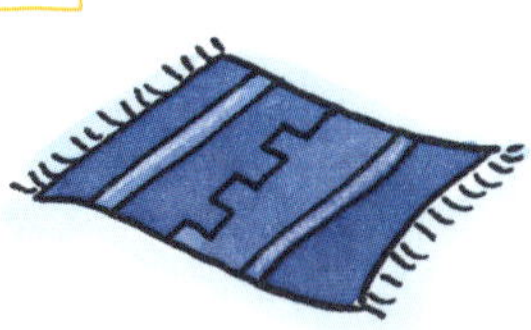
☐ 
☐ 
☐ 

❹ 

Pele passt Papas pinker Pullover perfekt.

Papagei Pedro plappert pausenlos.

Pirat Peter probiert pralle Pampelmusen.

Panda Paul paddelt prima.

1

2 Rr Rr

3 Wo hörst du **R r?** Klebe diese Sachen in den Rucksack.
S. 61 Alles andere kommt zum Luftballon.

4

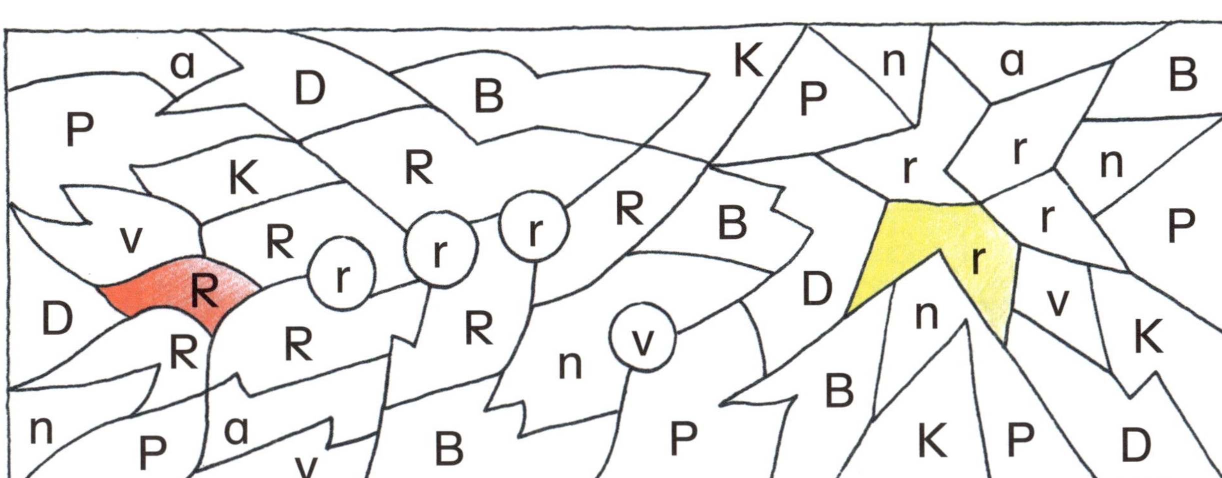

S s

1

2 S s S s

3 Wo hörst du **S s?** Kreise ein.

4

1

2

Tt Tt

3 Hörst du **T t** vorne, hinten oder in der Mitte?
Kreuze richtig an.

X

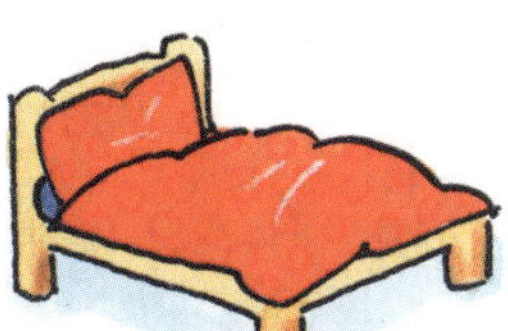

4

der Traum

der Baum

die Kasse

der Mut

das Gitter

der Ritter

die Tasse

der Hut

W w

1

2

W w W w

3 Wo hörst du **W w?** Kreise ein.

4

1

2

3 Hörst du **Z z** vorne, hinten oder in der Mitte?
Kreuze richtig an.

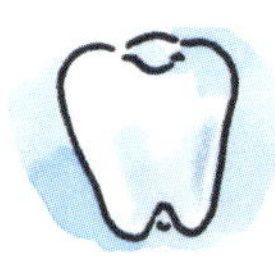

4 Der Zauberer mit dem Hasen hat einen Zauberhut auf. Sein Name ist Zausel. Der Zauberer mit der Kapuze zaubert zehn Rosen. Sein Name ist Azlan.

5 Male, was im Bild fehlt. Schreibe die Namen dazu.

Sch sch

1

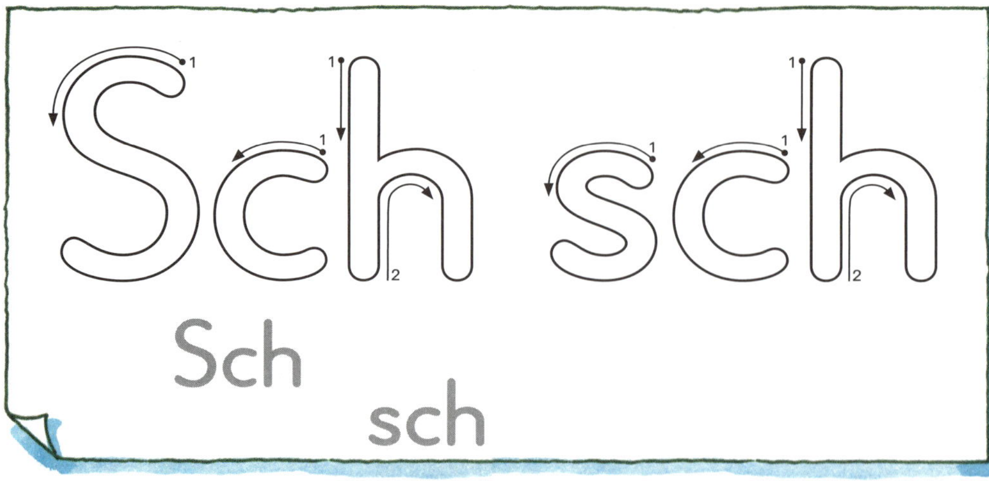

2 Sch sch Sch sch

3 Hörst du **Sch sch** vorne, hinten oder in der Mitte?
Kreuze richtig an.

X			

4

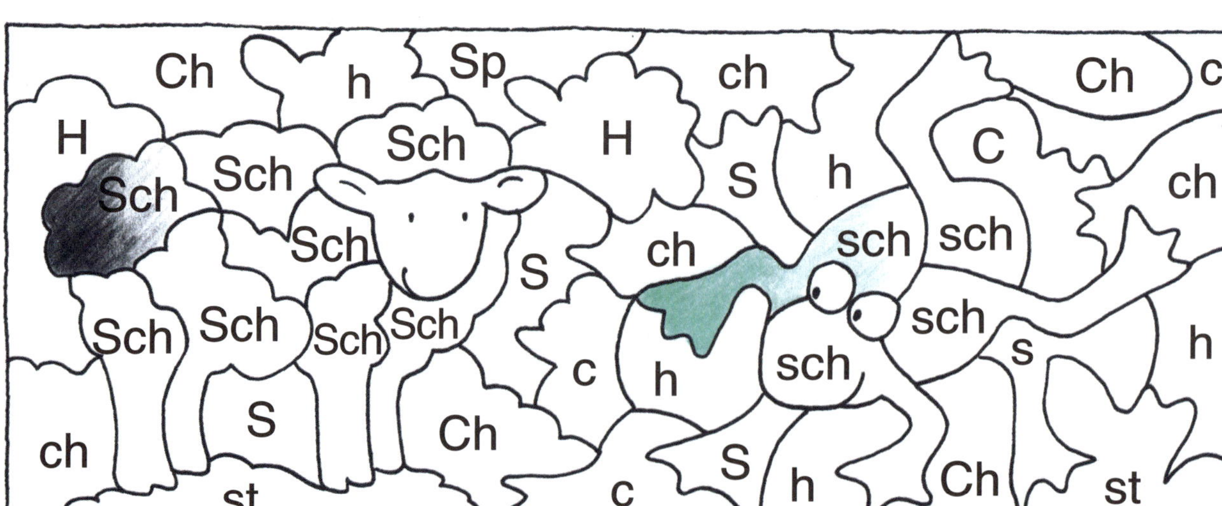

1

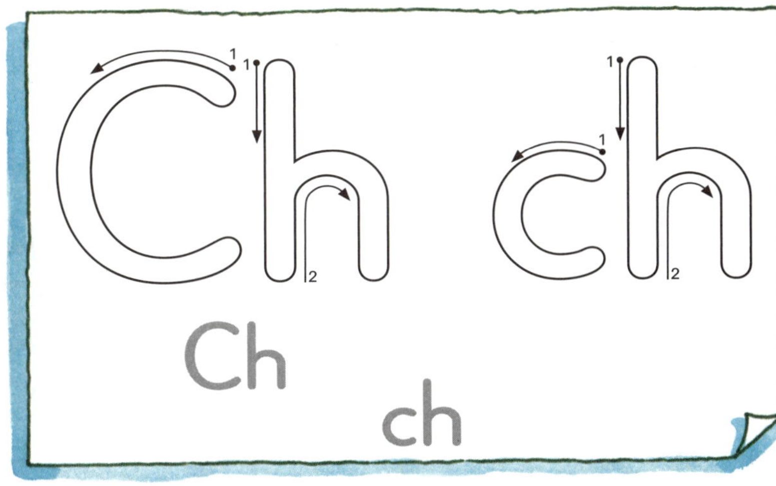

2 Ch ch Ch ch

3 Hörst du **ch** wie in Buch oder **ch** wie in Teppich ?
Kreise ein.

4 Kreise alle **ch** ein. Kreuze richtig an.

- [ ] Pele mag gern Kuchen.
- [ ] Pele mag gern Knochen.

- [ ] Pele sucht ein Buch.
- [ ] Pele sucht einen Becher.

ß

1

2 ß ß

3 Wo hörst du **ß?** Male an.

4

Hunde, die bellen, beißen nicht.

Wenn es heiß ist, laufe ich ______.

Elefanten sind grau und ______.

Nudeln esse ich gern mit ______.

Soße	groß	barfuß	beißen

1

Ö ö

Ü ü

2

Ö ö Ö ö

Ü ü Ü ü

3 Trage **ö** oder **ü** ein.

 ü

4 Der König isst Gemüse

mit fünf Brötchen.

Der Löffel ist grün.

Das Körbchen ist braun.

5 Male, was im Bild fehlt.

1

Ä ä

Ä

ä

Äu äu

Äu

äu

2 Ä ä Ä ä

Äu äu Äu äu

3 Aus eins mach zwei!

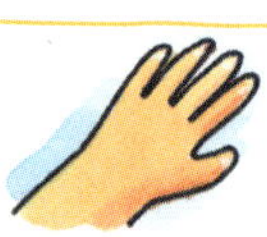 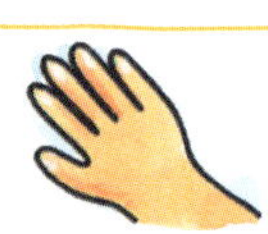 Hände

 Zahn

 Maus

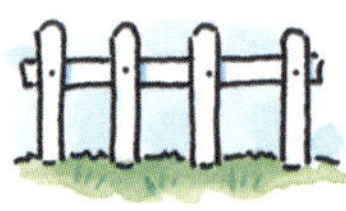 Zaun

4 Bäcker Brunos Ärmel hängt in der Sahne.

Im Gartenhäuschen träumen Mäuschen.

1

2

Cc Cc

Vv Vv

Yy Yy

3

Computer	Comic	Center	Clown
Cent	Creme	Cabrio	Cola

Vogel	vier	Vater	Klavier
Vase	Ventil	Vulkan	Verband

Pyramide	Baby	Hobby	Teddy
Yak	Pony	Yoga	Gyros

Qu qu X x

1

2

Qu qu Qu qu

Xx Xx

Sprich *kw* und schreib **Qu**!
Sprich *ks* und schreib **x**!

3

Qu ll e a

die Qualle

Qu a r k

der

Qu a l m

der

N i x e

die

T a x i

das

H e x e

die

1

Sp Sp

sp sp

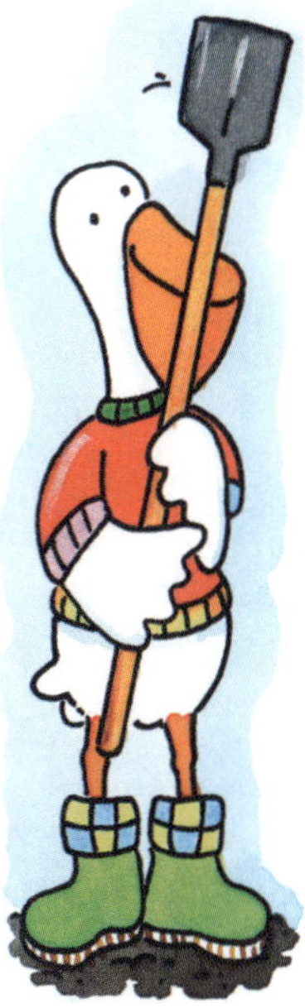

St St

st st

2

Sp sp Sp sp

St st St st

3 Trage **Sp** oder **St** ein.

Sprich *schp* und schreib **Sp**!
Sprich *scht* und schreib **St**!

	St						

4

Spatzen spiegeln sich in Spiegeln.

Stella stempelt strahlende Sterne.

1 Mit welchen Buchstaben beginnen die Wörter? Trage ein.

2 Hörst du den Laut vorne, hinten oder in der Mitte?
Kreuze an.

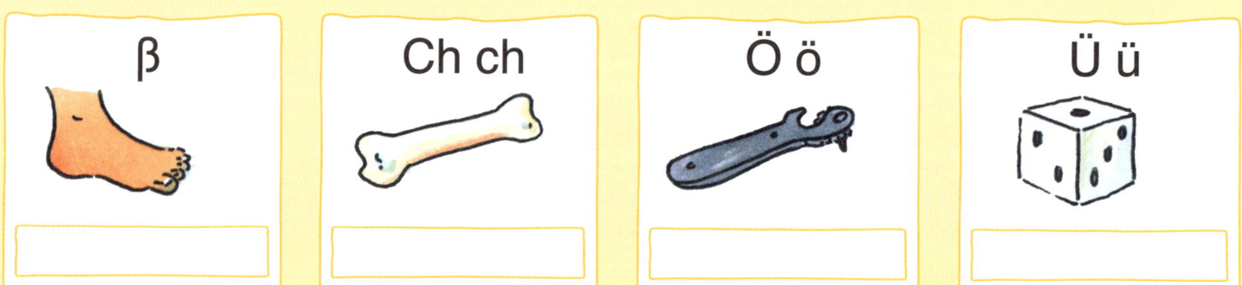

3 Beginnen die Wörter mit **Sch, Sp** oder **St?** Verbinde.

4 Findest du alle sieben Wörter? Kreise sie ein.

H	Ä	N	D	E	B	M
E	QU	M	ÄU	S	E	C
X	B	A	B	Y	X	E
E	C	QU	A	R	K	N
ÄU	V	O	G	E	L	T

1 Was steckt in den Paketen? Verbinde.

2 Welche Vögel fliegen nach rechts? Male sie an.

T t / D d und P p / B b unterscheiden

1 Sprich genau! Hörst du **T t** oder **D d?** Klebe ein.

S. 63

2 Sprich genau! Hörst du **P p** oder **B b?** Verbinde.

K k / G g und F f / W w unterscheiden

1 Sprich genau! Hörst du **K k** oder **G g** ? Male an.

2 Sprich genau! Hörst du **F** oder **W?** Kreise ein.

(W) F

W F

W F

W F

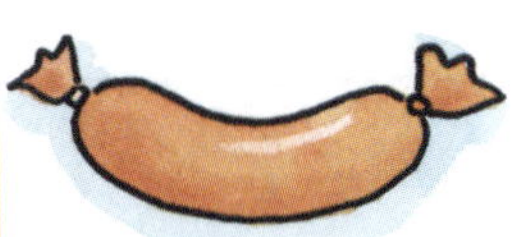

W F

W F

W F

W F

3 Sprich genau! Hörst du **f** oder **w?** Trage ein.

lau_f_en

___aschen

___liegen

R r / ch und Sch sch / ch unterscheiden

1 Sprich genau! Hörst du **R r** oder **ch** wie in Buch? Klebe ein.

S. 63

2 Sprich genau! Hörst du **Sch sch** oder **ch** wie in Teppich? Verbinde.

O o / U u und E e / I i unterscheiden

1 Sprich genau! Hörst du o oder u ? Kreise ein.

2 Sprich genau! Hörst du **E e** oder **I i?** Kreise ein.

 E I	 E I	 e i	 e i
 e i	 e i	 e i	 e i
 e i	 e i	 e i	 e i

Wörter aufbauen

1

l i k e P a n — ein Pelikan

u l m e B — eine

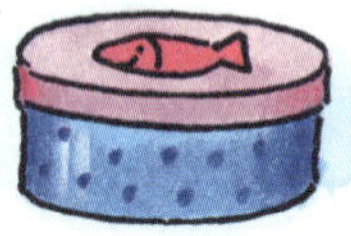

D s o e — eine

e s e B n — ein

B o n b o n — ein

W l k o e — eine

u H t — ein

Lernkontrolle

T e o m a t — eine

2

O	W	
O m		

1

2

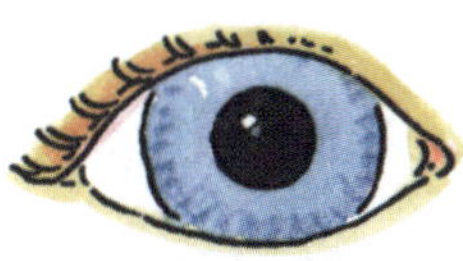

Au ge	Do mi no	Re gen bo gen

Ba na ne	Be sen	Scho ko la de

3

S. 63

Lernkontrolle

 Sa

 Zwie

 Gur

 Ki

 Trau

 Bir

Wörter verschriften

1

~~Flö~~ Gei Har fe ge te

Man bläst in eine Flö ______.

Der Bogen streicht die ______.

Man zupft eine ______.

2

Pele sitzt im grünen Klee.

Er spielt Flöte an einem See ______.

Viel Lärm macht die kleine Maus.

Sie trommelt die Schnecke aus ihrem ______.

Die Trompete spielt der Hase.

Er hat eine kleine rosa ______.

Der Käfer sitzt auf einem der Zweige.

In der Hand hält er eine kleine ______.

1 Spure **a, e, i, o** und **u** rot nach.

Tomate

Pelikan

Tube

Tiger

2 Markiere kurze Selbstlaute mit einem Punkt und lange Selbstlaute mit einem Strich .

die Puppe

die Lupe

das Schiff

der Hammer

der Hase

die Tasse

die Dose

die Wolle

3 Wo hörst du den langen **i**-Laut? Kreuze an.

☐ 

☐ 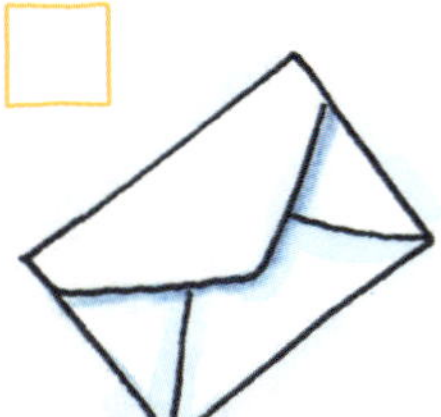

☐ 

☐ 

Hörst du ein langes **i**,
schreibt man fast immer **ie**.

4 Schreibe die Wörter mit langem **i**-Laut auf. Beachte **ie**.

Wortendungen und Vorsilben

1 Ordne die Wörter richtig ein.

Bei **-el**, **-en** und **-er** ist das **e** kaum zu hören.

Becher	Tafel	Ofen	Kinder	Gabel
Esel	Regen	Eimer	Garten	

-el 

-en 

-er 

2

ver	kau	sen
vor	le	fen

ver	sa	den
vor	klei	gen

verkaufen

Wörter, für die es Einzahl und Mehrzahl gibt, sind Nomen. Wörter, die einen Begleiter (Artikel) wie der/die/das oder ein/eine haben, sind Nomen. Oft bezeichnen Nomen etwas, das man sehen oder anfassen kann: Menschen, Tiere, Pflanzen und Dinge.

Nomen schreibt man am Wortanfang groß.

1 Schreibe die Nomen auf.

 der H

 der

 die

 das

2 **Einzahl** **Mehrzahl**

 ein / eine Baum —  viele Bäume

 ein / eine Frau —  viele

 der / die / das Ente —  die

 der / die / das Heft —  die

Sätze bilden

1 Würfle für jeden Satz dreimal. Schreibe deine Sätze auf.

⚀	Der Hund	faucht	im Gras.
⚁	Die Katze	kriecht	am See.
⚂	Pele	bellt	im Moos.
⚃	Der Hase	hoppelt	im Sand.
⚄	Die Schnecke	liest	am Baum.
⚅	Der Frosch	hüpft	am Boden.

1 Pele taucht am Riff ...

Fisch	Schildkröte	Qualle	Muschel
Schlange	Perle	Meer	Schatz
tauchen	sehen	entdecken	schwimmen
aufregend	schön	bunt	alt

1

 die Dose — die Rose 

 der Wurm — der T

 der Fisch — der T

 die Nase — der H

Lernkontrolle

2 Trage die Wörter richtig ein.

Pele

Schokolade

Domino

Bus

3 Ordne die Wörter richtig ein. Markiere die Selbstlaute.

Amsel

Bauer

Besen

Feder

Gras

Tuch

der	die	das

1 Wo sind Peles zehn Schrauben? Kreise sie ein.

2 Wo sind die sechs Unterschiede? Kreise sie rechts ein.

Wörter lesen

1 Was gehört wohin? Verbinde richtig.

2 Lies genau! Kreuze an, was richtig ist.

- [X] Tasse
- [ ] Tasche

- [ ] Tanne
- [ ] Tonne

- [ ] Huhn
- [ ] Hahn

- [ ] Hose
- [ ] Hase

- [ ] Beine
- [ ] Biene

- [ ] Bus
- [ ] Busch

1

Am pel	Ro bo ter	Ha se	Te le fon	So fa
Brot	Me lo ne	Schaf	Ta pe te	In sel

2 Was tut Pele? Verbinde richtig.

fah ren | le sen | ren nen | schrei ben

3

To
To ma
To ma ten
To ma ten sup
To ma ten sup pe

Kin
Kin der
Kin der gar
Kin der gar ten

Hun
Hun de
Hun de lei
Hun de lei ne

Sätze lesen

1 Lies und klebe die Bilder richtig ein.

S. 63

Pele und Mia lesen ein Buch.

Pele malt ein Bild.

Pele wirft Tim einen Ball zu.

Pele rechnet an der Tafel.

Pele sagt Paul vor.

Pele schreibt in sein Heft.

Pele turnt mit Lina.

Pele meldet sich.

1 Lies genau! Kreuze richtig an.

☐ Pele schreibt in ein Buch.

☐ Pele schreibt in sein Heft.

☐ Pele schreibt an der Tafel.

☐ Pele trägt einen Beutel.

☐ Pele trägt keinen Ranzen.

☐ Pele trägt einen Ranzen.

2

Pele ~~rot~~ schaut ins Nest.
Ein Ei alt hat oben einen Riss.

Da Sommer platzt das Ei auf.
Ein kleiner Pelikan sitzt Dose im Nest.

Nun zwischen hört Pele wieder tak, tak.
Im anderen Ei ist auch ein aber Loch.

Jetzt sind weil es zwei kleine Pelikane!

Lesen und handeln

1 Male, was fehlt. Beantworte die Fragen.

Weit weg, da lebt ein Pelikan
mit einem roten Pulli.
Sein Name ist Pele.
Alle finden Pele nett.

Wie ist der Name des Pelikans?

Wie finden alle den Pelikan?

Pele kann sehr gut fliegen.
Wenn er Fische fängt, stürzt
er sich ins Wasser. Er trägt
die Fische im Schnabel.

Wie kann Pele fliegen?

Was trägt er im Schnabel?

2 Male, was fehlt.

Pele sieht eine Insel
mit zwei Palmen.
Im Sand liegt eine Truhe.

Pele fliegt unter
einer großen, grauen Wolke.
Aus der Wolke fällt Regen.

Duden

Mein Trainingsheft Deutsch 1

Lösungen

Erarbeitet von Birgitt Carstens

DUDEN PAETEC Schulbuchverlag
Berlin, Frankfurt a. M.

1

2 Aa Aa Aa Aa Aa Aa Aa Aa

3 Wo hörst du **A a?** Kreuze an.

4
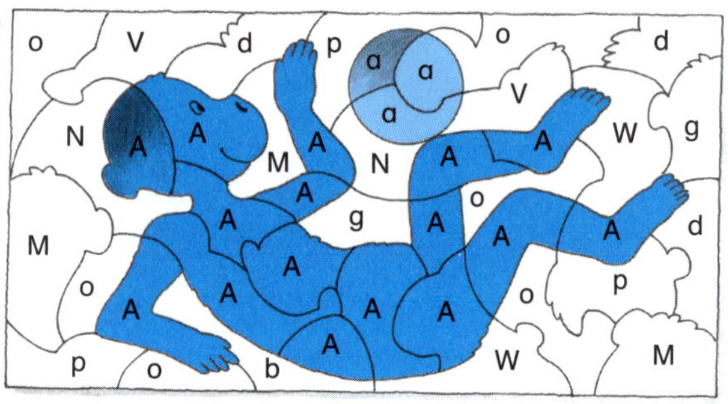

1

2 Ee Ee Ee Ee Ee Ee Ee Ee Ee Ee

3 Wo hörst du **E e?** Male an.

4
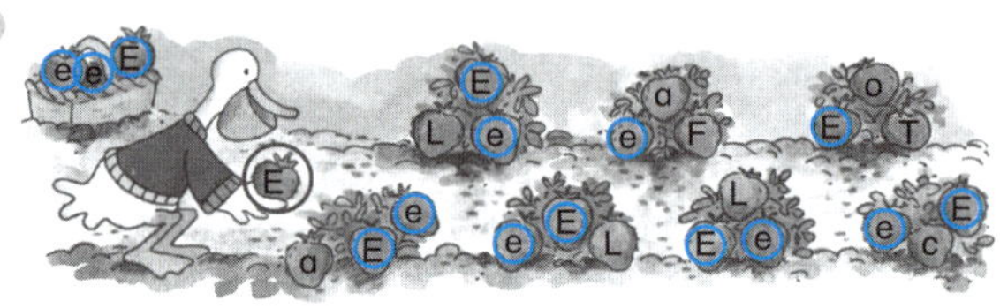

1

2 Ii Ii Ii Ii Ii Ii Ii Ii Ii Ii Ii Ii Ii Ii Ii Ii Ii

3 Wo hörst du **I i?** Kreuze an.

4 Hörst du **I i** wie in Igel oder **I i** wie in Insel? Verbinde.

5
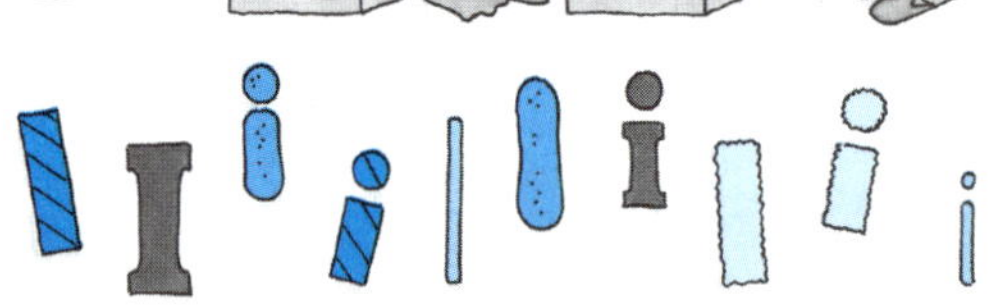

1

2 Oo Oo Oo Oo Oo Oo Oo Oo

3 Wo hörst du **O o?** Kreuze an.

4 Hörst du **O o** wie in Oma oder **O o** wie in Ordner ?
Kreise ein.

5 Auf Omas Ordner kleben rote Rosen.

In Olgas Dose sind rosa Bonbons.

1

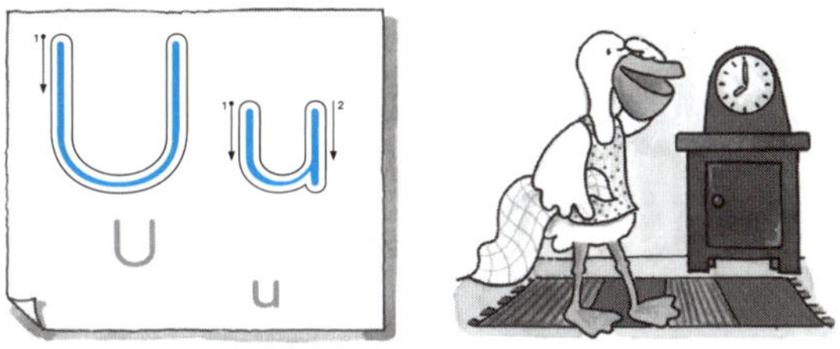

2 U u U u U u U u U u U u U u U u

3 Wo hörst du **U u?** Klebe diese Sachen in die Kiste.
S.61 Alles andere kommt zum Ball.

4 Spure die **U**-Federn nach.

1

2 Ei ei Ei ei Ei ei Ei ei Ei ei Ei ei Ei ei Ei ei

3 Finde den Weg zum Eis.
Besuche nur Tiere, in deren Namen **Ei ei** klingt.

4

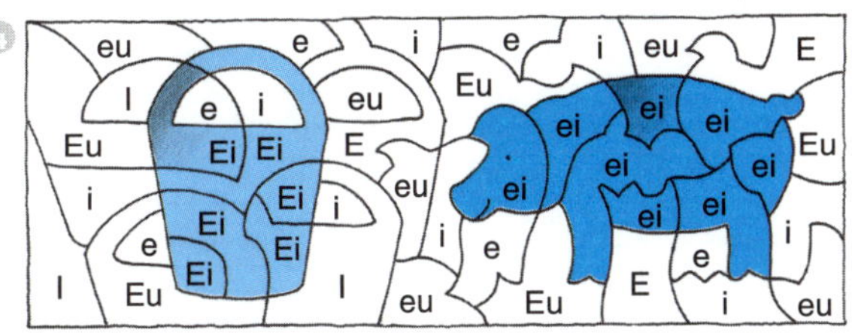

1

2 Eu eu Eu eu Eu eu Eu eu Eu eu

3 Wo hörst du **Eu eu?** Kreuze an.

4

1

2 Au au Au au Au au Au au Au au

3 Wo hörst du **Au au?** Male an.

4

Mausi hat braune Augen.

Frau Paulis Auto ist grau.

5 Male die Bilder von Aufgabe 4 richtig an.

1

2 Mit welchen Buchstaben beginnen die Wörter? Klebe ein.

S.61

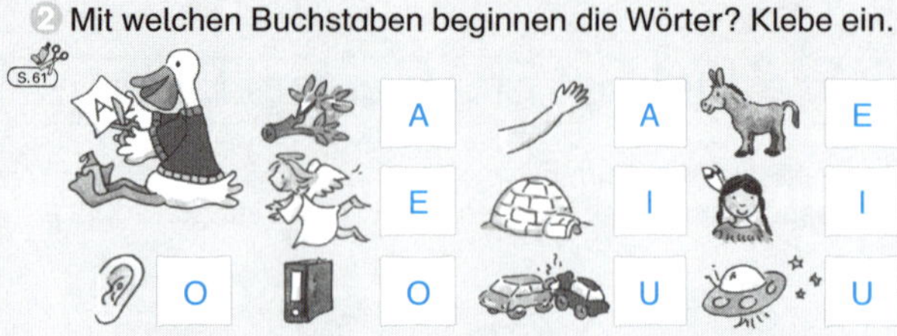

3 Finde Dinge mit **Ei ei**, mit **Eu eu** und mit **Au au**.

4 Schreibe die Wörter mit **Ei ei, Eu eu** und **Au au** auf.

Beule, Eule, Eis, Seil, Auto,

Schaufel

1 Schau genau! Male die Rakete ab.

2 Zeige Pele den Weg durch die Wolken.

1

2 Bb Bb Bb Bb Bb Bb Bb Bb Bb

3 Wo hörst du **B b?** Kreise ein.

4

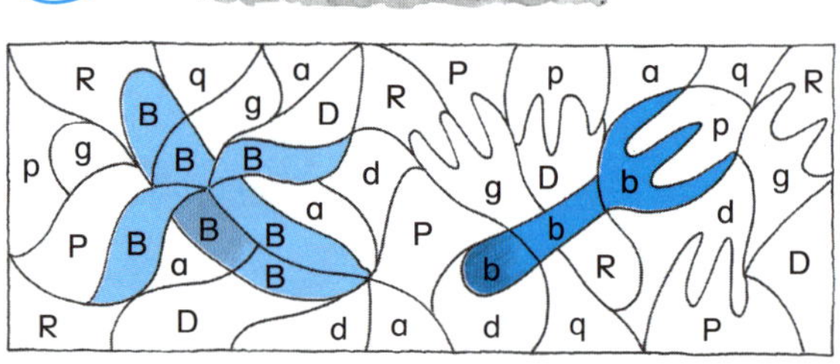

1

2 Dd Dd Dd Dd Dd Dd Dd Dd

3 Wo hörst du **D d?** Kreise ein.

4

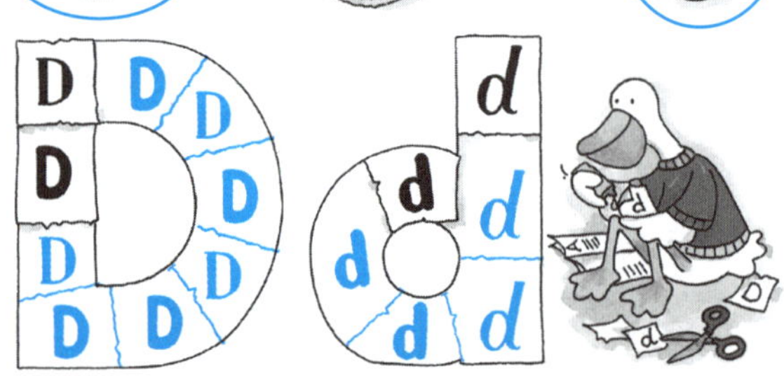

① 

② Ff Ff Ff Ff Ff Ff Ff Ff Ff Ff Ff

③ Hörst du **F f** vorne, hinten oder in der Mitte?
Kreuze richtig an.

④ 

① 

② Gg Gg Gg Gg Gg Gg Gg Gg

③ Wo hörst du **G g?** Male an.

④ 

① 

② Hh Hh Hh Hh Hh Hh Hh Hh

③ Wo hörst du **H h?** Male an.

④ 

① 

② Jj Jj Jj Jj Jj Jj Jj Jj Jj Jj Jj Jj Jj

③ Führe Pele zu den Juwelen.
Er darf nur über **J**-Sachen gehen.

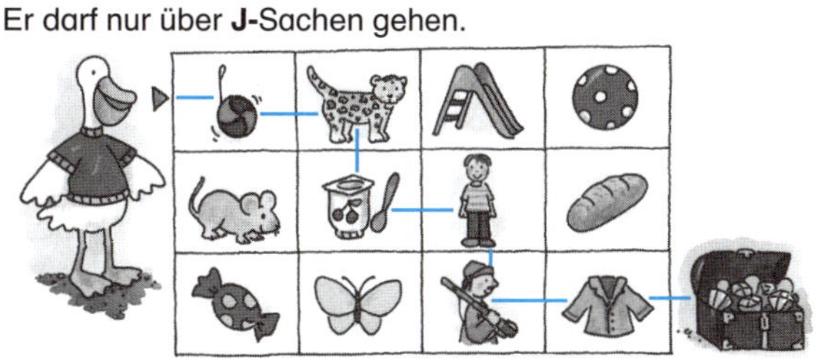

④ 

	Ja	Nein
Liest du jeden Tag?		
Bist du sieben Jahre alt?		
Hast du im Juli Geburtstag?		
Bist du ein Junge?		
Magst du Joghurt?		

Kk Kk Kk Kk Kk Kk Kk Kk Kk

Wo hörst du **K k?** Klebe diese Sachen in den Korb.
S. 61 Alles andere kommt in die Mülltonne.

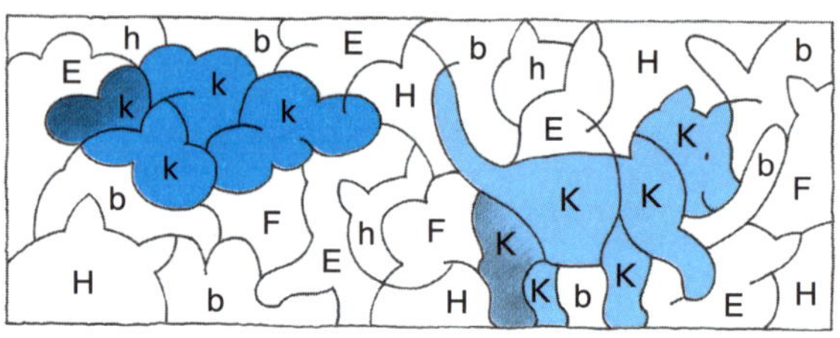

Ll Ll Ll Ll Ll Ll Ll Ll Ll Ll Ll Ll Ll Ll Ll Ll

Hörst du **L l** vorne, hinten oder in der Mitte?
Kreuze richtig an.

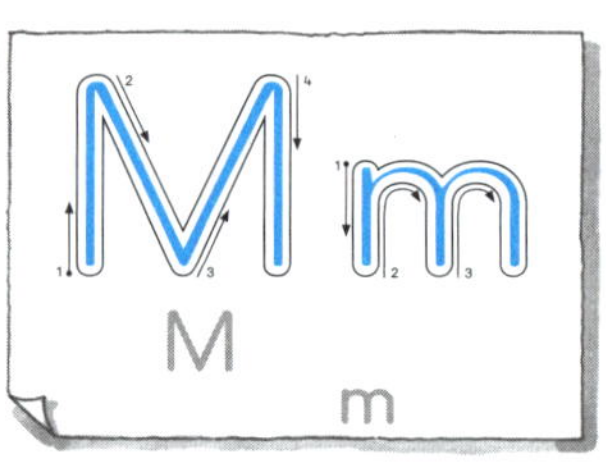

Mm Mm Mm Mm Mm Mm

Wo hörst du **M m?** Kreise ein.

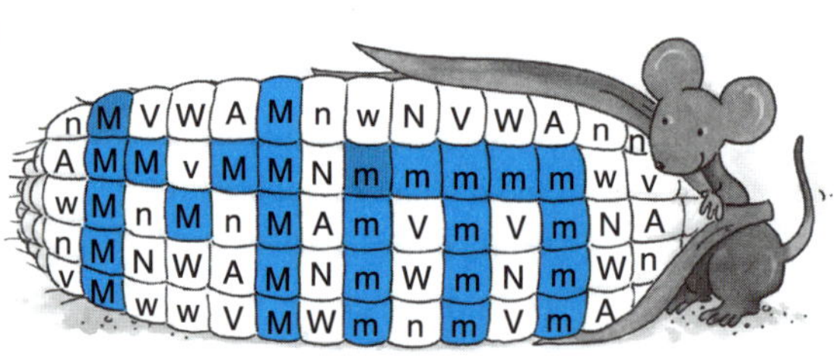

Nn Nn Nn Nn Nn Nn Nn Nn

Wo hörst du **N n?** Klebe richtig ein.
S. 61

P p

1

2 Pp Pp Pp Pp Pp Pp Pp Pp Pp Pp

3 Wo hörst du **P p?** Kreuze an.

4

Pele passt Papas pinker Pullover perfekt.

Papagei Pedro plappert pausenlos.

Pirat Peter probiert pralle Pampelmusen.

Panda Paul paddelt prima.

R r

1

2 Rr Rr Rr Rr Rr Rr Rr Rr Rr Rr Rr

3 Wo hörst du **R r?** Klebe diese Sachen in den Rucksack.
S. 61 Alles andere kommt zum Luftballon.

4

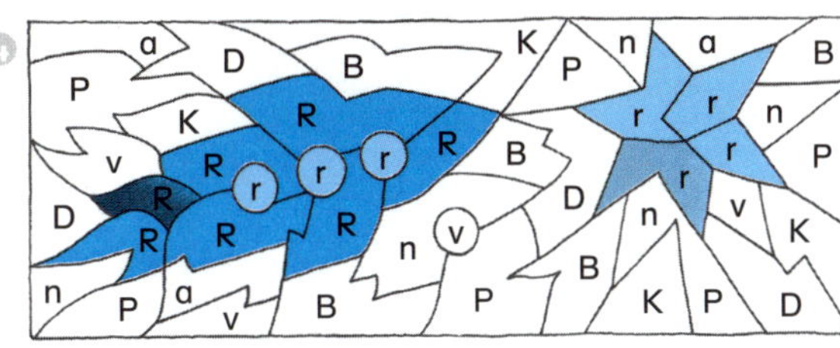

S s

1

2 Ss Ss Ss Ss Ss Ss Ss Ss Ss Ss

3 Wo hörst du **S s?** Kreise ein.

4

T t

1

2 Tt Tt Tt Tt Tt Tt Tt Tt Tt Tt Tt Tt

3 Hörst du **T t** vorne, hinten oder in der Mitte?
Kreuze richtig an.

4

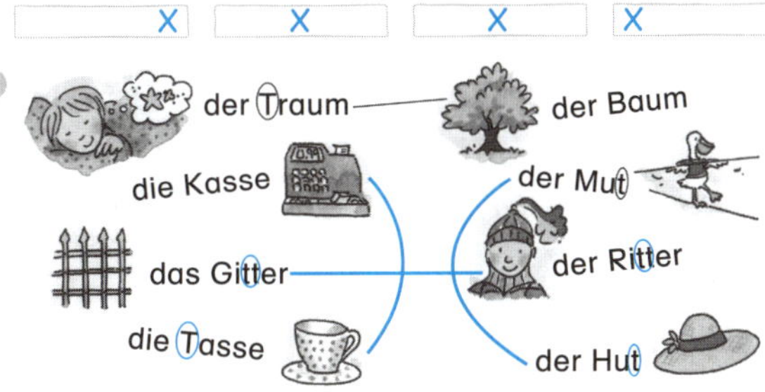

1

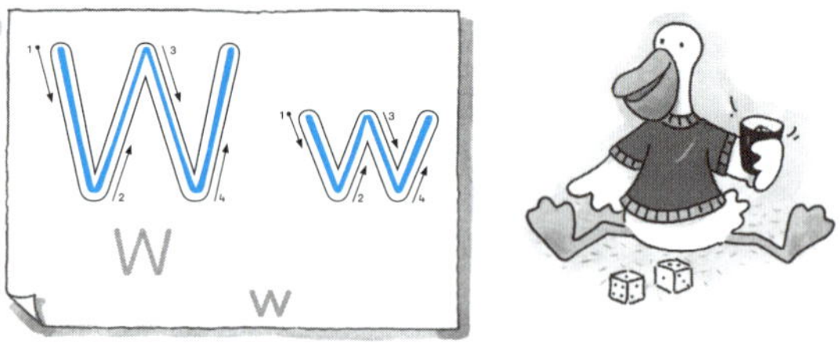

2 Ww Ww Ww Ww Ww Ww

3 Wo hörst du **W w?** Kreise ein.

4

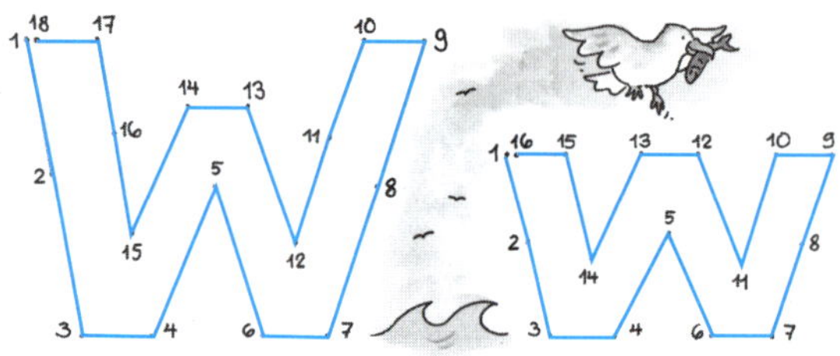

1

2 Zz Zz Zz Zz Zz Zz Zz Zz Zz

3 Hörst du **Z z** vorne, hinten oder in der Mitte?
Kreuze richtig an.

4 Der Zauberer mit dem Hasen hat einen Zauberhut auf. Sein Name ist Zausel. Der Zauberer mit der Kapuze zaubert zehn Rosen. Sein Name ist Azlan.

Zausel Azlan

5 Male, was im Bild fehlt. Schreibe die Namen dazu.

1

2 Sch sch Sch sch Sch sch Sch sch

3 Hörst du **Sch sch** vorne, hinten oder in der Mitte?
Kreuze richtig an.

4

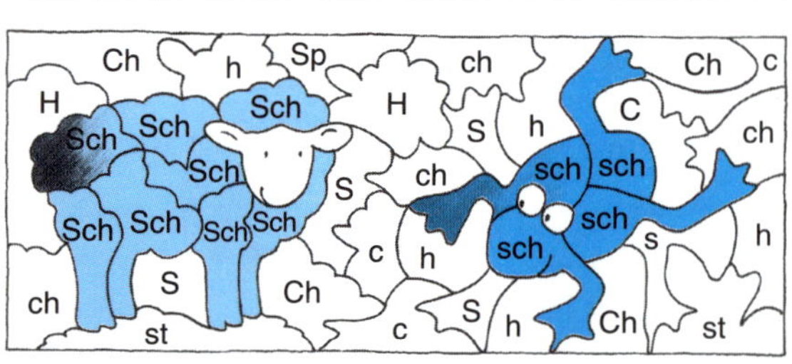

1

2 Ch ch Ch ch Ch ch Ch ch Ch ch

3 Hörst du **ch** wie in Buch oder **ch** wie in Teppich ?
Kreise ein.

4 Kreise alle **ch** ein. Kreuze richtig an.

X Pele mag gern Kuchen.

Pele mag gern Knochen.

Pele sucht ein Buch.

X Pele sucht einen Becher.

1 

2 ß ß ß ß ß ß ß ß ß ß ß ß ß ß ß ß ß

3 Wo hörst du **ß?** Male an.

4 Hunde, die bellen, beißen nicht.

Wenn es heiß ist, laufe ich barfuß.

Elefanten sind grau und groß.

Nudeln esse ich gern mit Soße.

Soße	groß	barfuß	beißen

1 

2 Ö ö Ö ö Ö ö Ö ö Ö ö Ö ö Ö ö Ö ö

Ü ü Ü ü Ü ü Ü ü Ü ü Ü ü Ü ü Ü ü

3 Trage **ö** oder **ü** ein.

ü ö ü ö

ü ö ü ö

4 Der König isst Gemüse

mit fünf Brötchen.

Der Löffel ist grün.

Das Körbchen ist braun.

5 Male, was im Bild fehlt.

1 

2 Ä ä Ä ä Ä ä Ä ä Ä ä Ä ä Ä ä Ä ä

Äu äu Äu äu Äu äu Äu äu Äu äu

3 Aus eins mach zwei!

Hände

Zähne

Mäuse

Zäune

4 Bäcker Brunos Ärmel hängt in der Sahne.

Im Gartenhäuschen träumen Mäuschen.

1 

2 C c C c C c C c C c C c C c C c C c

V v V v V v V v V v V v V v V v V v

Y y Y y Y y Y y Y y Y y Y y Y y Y y

3 

Computer	Comic	Center	Clown
Cent	Creme	Cabrio	Cola

Vogel	vier	Vater	Klavier
Vase	Ventil	Vulkan	Verband

Pyramide	Baby	Hobby	Teddy
Yak	Pony	Yoga	Gyros

1 Qu qu Qu qu X x X x

2 Qu qu Qu qu Qu qu Qu qu Qu qu

X x X x X x X x X x X x X x X x X x

Sprich *kw* und schreib **Qu**!
Sprich *ks* und schreib **x**!

3

Qu ll e a — die Qualle	Qu a r k — der Quark
Qu l a m — der Qualm	N i x e — die Nixe
T a x i — das Taxi	H e x e — die Hexe

1 Sp sp Sp sp St st St st

2 Sp sp Sp sp Sp sp Sp sp Sp sp

St st St st St st St st St st St st St st

3 Trage **Sp** oder **St** ein.

Sprich *schp* und schreib **Sp!**
Sprich *scht* und schreib **St!**

St Sp St St

Sp Sp St Sp

4 Spatzen spiegeln sich in Spiegeln.

Stella stempelt strahlende Sterne.

1 Mit welchen Buchstaben beginnen die Wörter? Trage ein.

S L G M

B N J T

W D Z H

R F P K

2 Hörst du den Laut vorne, hinten oder in der Mitte? Kreuze an.

ß	Ch ch	Ö ö	Ü ü
x (hinten)	x (Mitte)	x (vorne)	x (hinten)

3 Beginnen die Wörter mit **Sch, Sp** oder **St?** Verbinde.

4 Findest du alle sieben Wörter? Kreise sie ein.

H	Ä	N	D	E	B	M
E	QU	M	ÄU	S	E	C
X	B	A	B	Y	X	E
E	C	QU	A	R	K	N
ÄU	V	O	G	E	L	T

1 Was steckt in den Paketen? Verbinde.

2 Welche Vögel fliegen nach rechts? Male sie an.

T t / D d und P p / B b unterscheiden

1 Sprich genau! Hörst du **T t** oder **D d?** Klebe ein.

S. 63

2 Sprich genau! Hörst du **P p** oder **B b?** Verbinde.

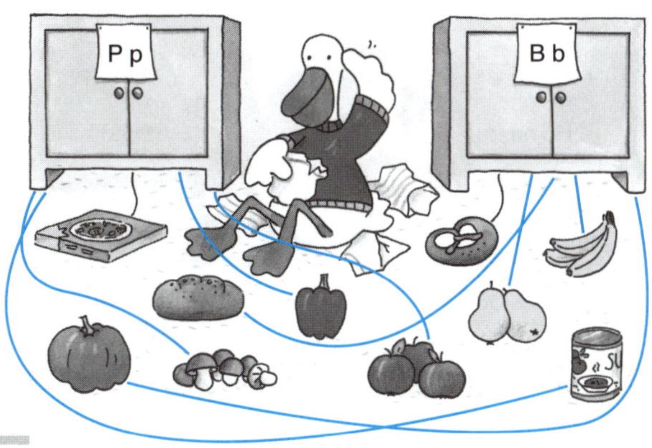

K k / G g und F f / W w unterscheiden

1 Sprich genau! Hörst du **K k** oder **G g** ? Male an.

2 Sprich genau! Hörst du **F** oder **W?** Kreise ein.

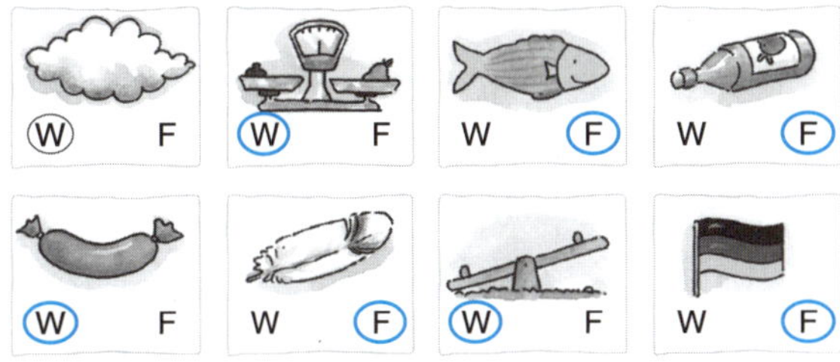

3 Sprich genau! Hörst du **f** oder **w?** Trage ein.

lau f en   w aschen   f liegen

R r / ch und Sch sch / ch unterscheiden

1 Sprich genau! Hörst du **R r** oder **ch** wie in Buch? Klebe ein.

S. 63

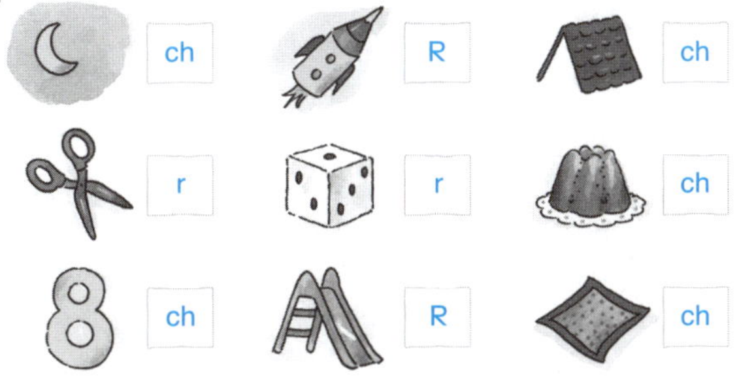

2 Sprich genau! Hörst du **Sch sch** oder **ch** wie in Teppich? Verbinde.

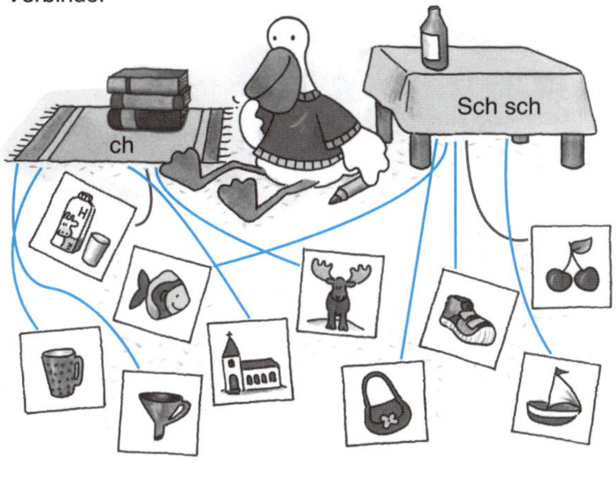

O o / U u und E e / I i unterscheiden

1 Sprich genau! Hörst du **o** oder **u** ? Kreise ein.

2 Sprich genau! Hörst du **E e** oder **I i?** Kreise ein.

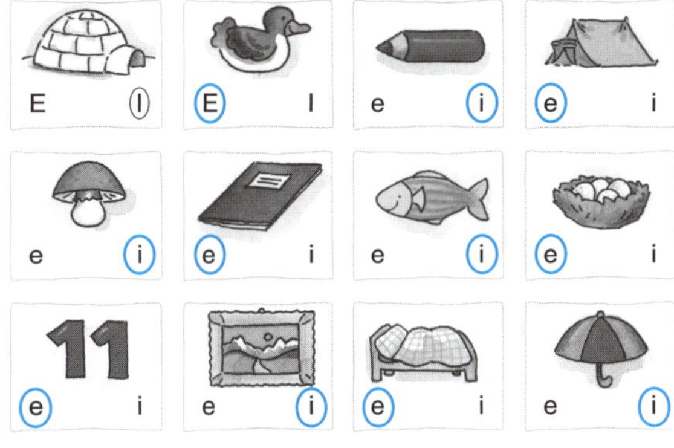

1

l i k e P a n	ein Pelikan
u l m e B	eine Blume
D s o e	eine Dose
e s e B n	ein Besen
B o n b o n	ein Bonbon
W l k o e	eine Wolke
u H t	ein Hut
T e o m a t	eine Tomate

2

O	W	B
O m	W a	B u
O m a	W a l	B u s

1

2

Au ge — Do mi no — Re gen bo gen

Ba na ne — Be sen — Scho ko la de

3 S. 63

Sa lat — Zwie bel — Gur ke

Ki wi — Trau ben — Bir ne

1 Flö Gei Har fe ge te

Man bläst in eine Flöte.

Der Bogen streicht die Geige.

Man zupft eine Harfe.

2

Pele sitzt im grünen Klee.
Er spielt Flöte an einem See.

Viel Lärm macht die kleine Maus.
Sie trommelt die Schnecke aus ihrem Haus.

Die Trompete spielt der Hase.
Er hat eine kleine rosa Nase.

Der Käfer sitzt auf einem der Zweige.
In der Hand hält er eine kleine Geige.

1 Spure **a, e, i, o** und **u** rot nach.

Tomate — Pelikan — Tube — Tiger

2 Markiere kurze Selbstlaute mit einem Punkt und lange Selbstlaute mit einem Strich.

die Puppe — die Lupe — das Schiff — der Hammer

der Hase — die Tasse — die Dose — die Wolle

3 Wo hörst du den langen **i**-Laut? Kreuze an.

X X X

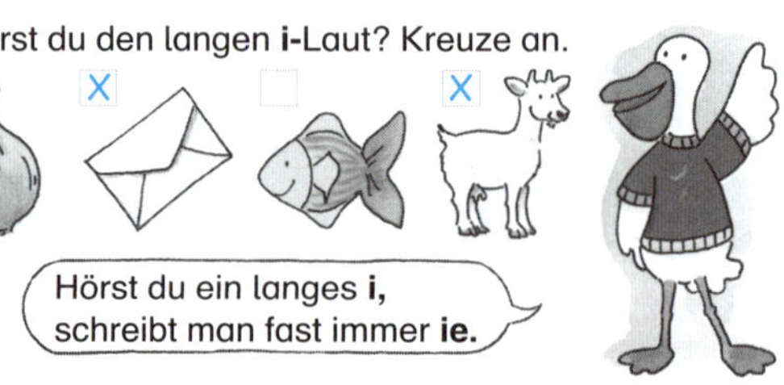

4 Schreibe die Wörter mit langem **i**-Laut auf. Beachte **ie**.

Zwiebel, Brief, Ziege

Wortendungen und Vorsilben

1 Ordne die Wörter richtig ein.

Bei **-el, -en** und **-er** ist das **e** kaum zu hören.

Becher Tafel Ofen Kinder Gabel
Esel Regen Eimer Garten

-el	-en	-er
Tafel	Ofen	Becher
Gabel	Regen	Kinder
Esel	Garten	Eimer

2 ver – kau – sen; vor – le – fen   ver – sa – den; vor – klei – gen

verkaufen   verkleiden

vorlesen   vorsagen

Nomen

Wörter, für die es Einzahl und Mehrzahl gibt, sind Nomen. Wörter, die einen Begleiter (Artikel) wie der/die/das oder ein/eine haben, sind Nomen. Oft bezeichnen Nomen etwas, das man sehen oder anfassen kann: Menschen, Tiere, Pflanzen und Dinge.

Nomen schreibt man am Wortanfang groß.

1 Schreibe die Nomen auf.

der Hase   der Pirat
die Rose   das Glas

2 **Einzahl** **Mehrzahl**

Einzahl		Mehrzahl	
ein / eine	Baum	viele	Bäume
ein / eine	Frau	viele	Frauen
der / die / das	Ente	die	Enten
der / die / das	Heft	die	Hefte

Sätze bilden

1 Würfle für jeden Satz dreimal. Schreibe deine Sätze auf.

⚀ Der Hund	⚀ faucht	⚀ im Gras.
⚁ Die Katze	⚁ kriecht	⚁ am See.
⚂ Pele	⚂ bellt	⚂ im Moos.
⚃ Der Hase	⚃ hoppelt	⚃ im Sand.
⚄ Die Schnecke	⚄ liest	⚄ am Baum.
⚅ Der Frosch	⚅ hüpft	⚅ am Boden.

Der Hund hoppelt am Baum.
Die Katze bellt im Moos.
Pele faucht im Sand.
Der Hase kriecht im Gras.
Die Schnecke hüpft am Boden.
Der Frosch liest am See.

(Einige der möglichen Sätze.)

Freies Schreiben

1 Pele taucht am Riff ...

Fisch	Schildkröte	Qualle	Muschel
Schlange	Perle	Meer	Schatz
tauchen	sehen	entdecken	schwimmen
aufregend	schön	bunt	alt

Fit mit Pele

1 die Dose — die Rose
der Wurm — der Turm
der Fisch — der Tisch
die Nase — der Hase

2 Trage die Wörter richtig ein.

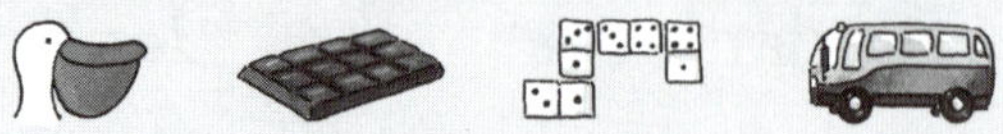

Pele Schokolade Domino Bus

Bus | Pe le | Do mi no | Scho ko la de

3 Ordne die Wörter richtig ein. Markiere die Selbstlaute.

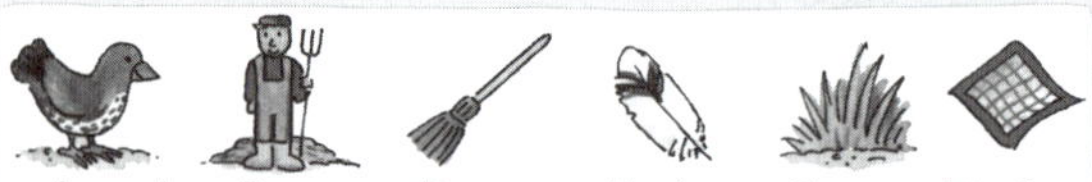

Amsel Bauer Besen Feder Gras Tuch

der	die	das
Bauer	Amsel	Gras
Besen	Feder	Tuch

Trainingspause

1 Wo sind Peles zehn Schrauben? Kreise sie ein.

2 Wo sind die sechs Unterschiede? Kreise sie rechts ein.

Wörter lesen

1 Was gehört wohin? Verbinde richtig.

2 Lies genau! Kreuze an, was richtig ist.

X Tasse
Tasche

Tanne
X Tonne

Huhn
X Hahn

Hose
X Hase

Beine
X Biene

X Bus
Busch

In Silben gegliedert lesen

1

Am pel	Ro bo ter	Ha se	Te le fon	So fa
Brot	Me lo ne	Schaf	Ta pe te	In sel

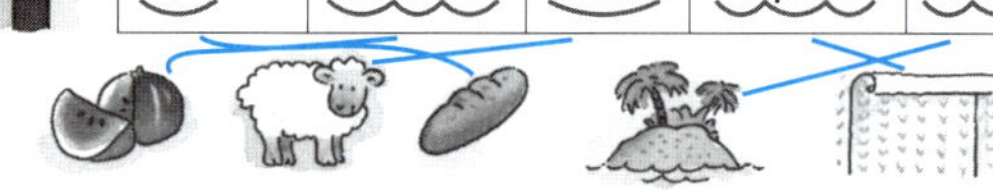

2 Was tut Pele? Verbinde richtig.

fah ren | le sen | ren nen | schrei ben

3

To	Kin	Hun
To ma	Kin der	Hun de
To ma ten	Kin der gar	Hun de lei
To ma ten sup	Kin der gar ten	Hun de lei ne
To ma ten sup pe		

1 Lies und klebe die Bilder richtig ein.

S. 63

Pele und Mia lesen ein Buch.

Pele malt ein Bild.

Pele wirft Tim einen Ball zu.

Pele rechnet an der Tafel.

Pele sagt Paul vor.

Pele schreibt in sein Heft.

Pele turnt mit Lina.

Pele meldet sich.

1 Lies genau! Kreuze richtig an.

- [ ] Pele schreibt in ein Buch.
- [X] Pele schreibt in sein Heft.
- [ ] Pele schreibt an der Tafel.

- [ ] Pele trägt einen Beutel.
- [ ] Pele trägt keinen Ranzen.
- [X] Pele trägt einen Ranzen.

2

Pele ~~rot~~ schaut ins Nest.
Ein Ei ~~alt~~ hat oben einen Riss.

Da ~~Sommer~~ platzt das Ei auf.
Ein kleiner Pelikan sitzt ~~Dose~~ im Nest.

Nun ~~zwischen~~ hört Pele wieder tak, tak.
Im anderen Ei ist auch ein ~~aber~~ Loch.

Jetzt sind ~~weil~~ es zwei kleine Pelikane!

1 Male, was fehlt. Beantworte die Fragen.

Weit weg, da lebt ein Pelikan
mit einem roten Pulli.
Sein Name ist Pele.
Alle finden Pele nett.

Wie ist der Name des Pelikans? Pele

Wie finden alle den Pelikan? nett

Pele kann sehr gut fliegen.
Wenn er Fische fängt, stürzt
er sich ins Wasser. Er trägt
die Fische im Schnabel.

Wie kann Pele fliegen? sehr gut

Was trägt er im Schnabel? Fische

2 Male, was fehlt.

Pele sieht eine Insel
mit zwei Palmen.
Im Sand liegt eine Truhe.

Pele fliegt unter
einer großen, grauen Wolke.
Aus der Wolke fällt Regen.

1 Kreuze an: richtig oder falsch?

Im Dorf leben sechs Familien. Jede Familie hat ein Zelt.
Einige Kinder spielen mit Ästen. Sie bauen Zelte.
Zwei Kinder braten Fische über dem Feuer.
Der Häuptling sitzt auch am Feuer.
Ein Indianer steigt vom Pferd.
Sein Pferd ist schwarz. Es will Gras fressen.

	richtig	falsch
Im Indianerdorf stehen sechs Zelte.	X	
Einige Kinder spielen mit Steinen.		X
Zwei Kinder sitzen am Feuer.	X	
Der Häuptling sitzt in seinem Zelt.		X
Alle Pferde haben braunes Fell.		X

Rätsel lösen

1 Welches Tier ist es? Schreibe und male.

Das Tier hat ein weiches Fell.
Auf seinen Pfoten kann es schleichen.
Manchmal zeigt es auch seine Krallen.
Wenn es sich wohl fühlt, schnurrt es.

Es ist eine Katze.

Das Tier hat einen Panzer.
Bei Gefahr zieht es sich darin zurück.
Es kann an Land und im Wasser leben.
Es wird sehr alt.

Es ist eine Schildkröte.

Das Tier lebt in Afrika.
Es hat ein helles Fell mit braunen Flecken.
Es hat einen sehr langen Hals.
Es frisst Blätter von Bäumen.

Es ist eine Giraffe.

Das Tier kann fliegen.
Es frisst gern Fische.
Dafür fliegt es steil hinab ins Wasser.
Es baut Nester und legt Eier.

Es ist ein Pelikan.

Katze – Giraffe – Pelikan – Schildkröte

1 Sprich genau! Wie beginnen die Wörter? Kreise ein.

(Kno) / Gno / Klo	(Dra) / Dla / Tra	Tlei / Glei / (Klei)
Schn / (Schr) / Schl	Pro / Blo / (Bro)	Stei / (Stie) / Spie

2 Lies genau! Kreuze an, was richtig ist.

- [x] Bus
- [ ] Busch
- [x] Ampel
- [ ] Amsel
- [ ] Mund
- [x] Mond
- [ ] Pinguin
- [x] Pelikan

3 Trage die Namen ein.

Mila – Nono – Fax

Fax hat eine schwarze Feder am Kopf.
Nono sitzt falsch herum im Nest.
Mila hat einen Fisch im Schnabel.

1 Vervollständige die Sätze.

Lisa malt Blumen.
Pele angelt Fische.
Mama kauft Brote.

2 Reime mit dem Abc. Klebe richtig ein.

S. 63

A B C D E	Pele mag gern Schnee.
F G H I J	Fliegen kann er flott.
K L M N O	Nester baut man so.
P Q R S T	Fische gibt's im See.
U V W X Y Z	Pele ist sehr nett.

Bis bald in Klasse 2!

Löse das Rätsel. Trage auch die Lösungswörter von den angegebenen Seiten ein.

Lösungssatz: FIT MIT PELE!

1 Kreuze an: richtig oder falsch?

Im Dorf leben sechs Familien. Jede Familie hat ein Zelt.
Einige Kinder spielen mit Ästen. Sie bauen Zelte.
Zwei Kinder braten Fische über dem Feuer.
Der Häuptling sitzt auch am Feuer.
Ein Indianer steigt vom Pferd.
Sein Pferd ist schwarz. Es will Gras fressen.

	richtig	**falsch**
Im Indianerdorf stehen sechs Zelte.		
Einige Kinder spielen mit Steinen.		
Zwei Kinder sitzen am Feuer.		
Der Häuptling sitzt in seinem Zelt.		
Alle Pferde haben braunes Fell.		

Rätsel lösen

1 Welches Tier ist es? Schreibe und male.

Das Tier hat ein weiches Fell.
Auf seinen Pfoten kann es schleichen.
Manchmal zeigt es auch seine Krallen.
Wenn es sich wohl fühlt, schnurrt es.

Es ist eine ____________________.

Das Tier hat einen Panzer.
Bei Gefahr zieht es sich darin zurück.
Es kann an Land und im Wasser leben.
Es wird sehr alt.

Es ist eine ____________________.

Das Tier lebt in Afrika.
Es hat ein helles Fell mit braunen Flecken.
Es hat einen sehr langen Hals.
Es frisst Blätter von Bäumen.

Es ist eine ____________________.

Das Tier kann fliegen.
Es frisst gern Fische.
Dafür fliegt es steil hinab ins Wasser.
Es baut Nester und legt Eier.

Es ist ein ____________________.

Lernkontrolle

Giraffe

Katze

Pelikan

Schildkröte

1 Sprich genau! Wie beginnen die Wörter? Kreise ein.

Kno
Gno
Klo

Dra
Dla
Tra

Tlei
Glei
Klei

Schn
Schr
Schl

Pro
Blo
Bro

Stei
Stie
Spie

2 Lies genau! Kreuze an, was richtig ist.

- [ ] Bus
- [ ] Busch

- [ ] Ampel
- [ ] Amsel

- [ ] Mund
- [ ] Mond

- [ ] Pinguin
- [ ] Pelikan

3 Trage die Namen ein.

____

____

____

Fax hat eine schwarze Feder am Kopf.
Nono sitzt falsch herum im Nest.
Mila hat einen Fisch im Schnabel.

1 Vervollständige die Sätze.

Lisa malt ______.

______ angelt ______.

______ kauft ______.

2 Reime mit dem Abc. Klebe richtig ein.

S. 63

Pele mag gern Schnee.

Fliegen kann er flott.

Nester baut man so.

Fische gibt's im See.

Pele ist sehr nett.

Zu Seite 6, Aufgabe 3

Zu Seite 10, Aufgabe 2

A	A	E	E	I	I	O	O	U	U

Zu Seite 18, Aufgabe 3

Zu Seite 21, Aufgabe 3

Zu Seite 23, Aufgabe 3

Zu Seite 38, Aufgabe 1

Zu Seite 40, Aufgabe 1

R R r r ch ch ch ch ch

Zu Seite 43, Aufgabe 3

bel ben ke lat ne wi

Zu Seite 54, Aufgabe 1

Zu Seite 60, Aufgabe 2

ABCDE FGHIJ KLMNO

PQRST UVWXYZ